MW01620746

Mrinali Álvarez Astacio

LA EDITORIAL
UNIVERSIDAD DE PUERTO RICO

"Los poetas escriben los mitos a partir de intuiciones y revelaciones. Los mitos no se inventan; damos con ellos. Así como no podemos saber lo que soñaremos esta noche, de esa misma manera no podemos inventar un mito. Los mitos vienen de la región mística de la experiencia de la esencia."

– Joseph Campbell
Myths of Light

AL LECTOR

Los mitos son las explicaciones fantásticas que dan los pueblos del mundo a los misterios del universo y de la naturaleza. Este libro es un mito sobre el origen del amor, ese amor a la vida misma que nace cuando sentimos nuestro corazón. El espacio mítico que crean las ilustraciones de este cuento se basa en motivos pictóricos de diversas etnias aborígenes del mundo. De las que existieron y de las que existen todavía.

Desde los primeros tiempos,
existe el día...

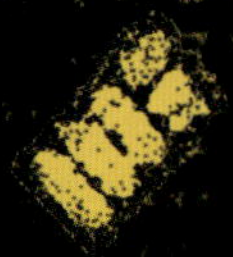

... y la noche.

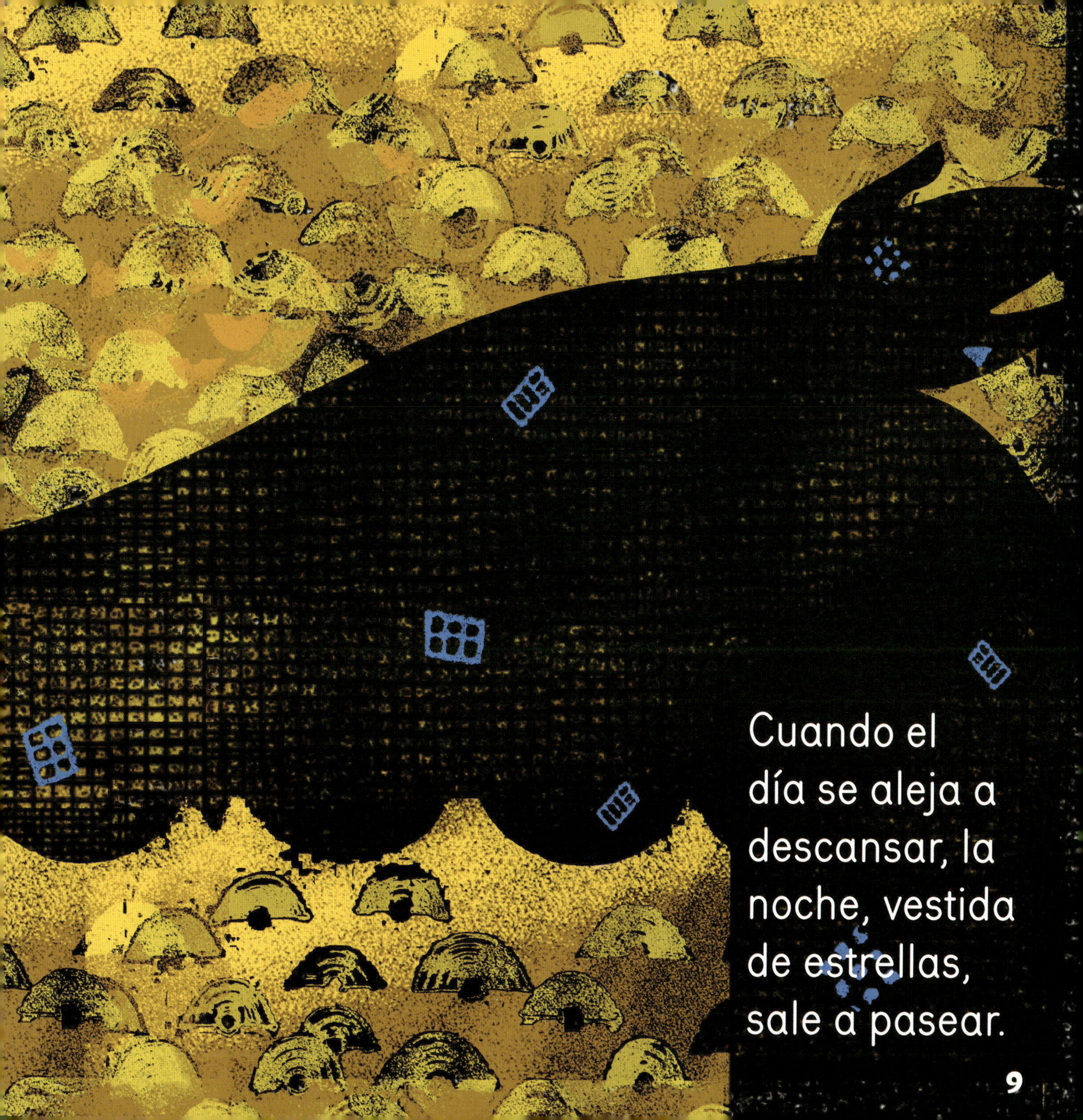

Cuando el día se aleja a descansar, la noche, vestida de estrellas, sale a pasear.

Y cada vez que se encuentra a la luna, la invita a bailar.

Danza la luna en el cielo,
sobre las montañas
y entre las estrellas.

Y el cielo se llena de danzas,
cada una diferente.

Baila nueva, baila llena,
a veces creciente, a veces menguante.

Tanto baila que siente el latir
de su corazón.

Y queda enamorada...

...de la vida.

Por eso miramos la luna
cuando nos sentimos
enamorados.

Al querido Maestro Sri Chinmoy,
Mrinalini y Mihir

M.A.A.

Los libros de la Colección Nueve Pececitos son lecturas para hacerlas con los familiares, con los maestros en la biblioteca o en el salón de clase, como lectura suplementaria, y para los niños que ya dominan la lectura.

Premio Nacional de Literatura Infantil, 2006
otorgado por el PEN Club de Puerto Rico.

Serie Cantos y Juegos
Elementos de la tradición puertorriqueña resurgen a través de libros de nanas, canciones y juegos infantiles.

Serie Raíces
Las raíces culturales que conforman al puertorriqueño son la base temática de estos textos. Estos libros abren las puertas al mundo de nuestras tradiciones.

Serie Ilustres
Cuentos infantiles basados en la vida y obra de personajes que han tenido una presencia particular en nuestra historia. Hombres y mujeres cuyo legado debe ser conocido por las nuevas generaciones.

Serie Igualitos
Se explora cómo debemos incluir a todos los niños y niñas en las actividades diarias y en el salón de clase, sin importar que luzcan de manera diferente o tengan algún impedimento físico.

Serie Mititos
La fantasía y la realidad parecen fusionarse para presentar los relatos con que nuestros antepasados explicaban los misterios del universo.

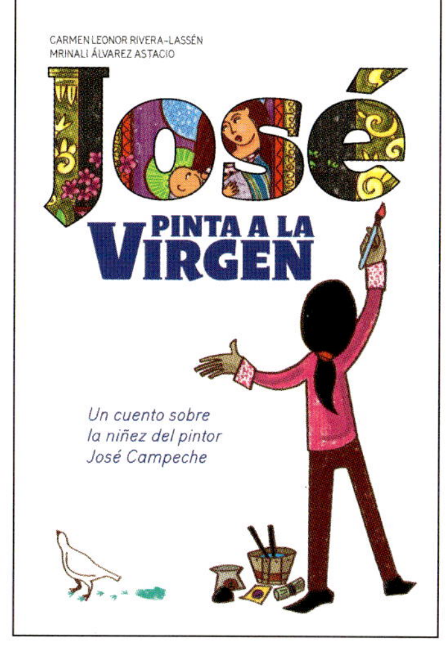

Serie Raíces:
Las artesanías
*Grano a grano**
Los Tres Reyes (a caballo)
La fiesta de Melchor
Verde Navidad
Un regalo especial

Serie Cantos y juegos:
¡Vamos a jugar!
Pon, pon...¡A jugar con el bebé! (**)*

Serie Ilustres:
*Pauet quiere un violonchelo****
José pinta la Virgen

Serie Igualitos:
Así soy yo
*Mi silla de ruedas**
Soy gordito
Con la otra mano
Mi hermanito es autista
¿Qué crees?
No estás

Serie Mititos:
De cómo dicen que fue hecho el mar
De dónde dicen que salieron las gentes
De cómo nació el amor

DE DÓNDE DICEN QUE VINO LA GENTE
MRINALI ÁLVAREZ ASTACIO

*Selección de la SEP Secretaría de Educación Pública, México

**Latino Book Awards, 2006, EE.UU., Segundo lugar, "Mejor libro ilustrado para niños"

***Revista Críticas, EE.UU., "Mejores libros infantiles del 2006"

Primera edición, 2009

De cómo nació el amor
ISBN: 978-0-8477-1587-9

Concepto: Somos La Pera, Inc.
Texto e Ilustraciones: Mrinali Álvarez Astacio
Diseño: Víctor Maldonado Dávila
Somos La Pera, Inc.

Impreso en Colombia / Printed in Colombia

LA EDITORIAL
UNIVERSIDAD DE PUERTO RICO
Apartado 23322, San Juan, Puerto Rico 00931-3322
www.laeditorialupr.com